Lange, Sebastian

Dimensionen von Lebensqualität für hochaltrige hilfe- und pflegebedürftige Männer in der stationären Altenhilfe – Professionalisierungsimpulse für Soziale Arbeit

BACHELORARBEIT

HOCHSCHULE MITTWEIDA
UNIVERSITY OF APPLIED SCIENCES

Fakultät Soziale Arbeit

Roßwein, 2011

Erstprüfer: Herr Dipl. Soz.päd./Soz.arb. Michel Hille
Zweitprüfer: Frau Prof. Dr. Häußler-Sczepan

Bibliographische Beschreibung:

Lange, Sebastian:

Dimensionen von Lebensqualität für hochaltrige hilfe- und pflegebedürftige Männer in der stationären Altenhilfe – Professionalisierungsimpulse für Soziale Arbeit. 45 S. Roßwein, Hochschule Mittweida/ Roßwein (FH), Fakultät Soziale Arbeit, Bachelorarbeit, 2010

Herstellung und Verlag: BoD - Books on Demand, Norderstedt
ISBN: 978-3-7526-2023-8

Referat:

Die Bachelorarbeit befasst sich mit den geschlechtsspezifischen Eigenheiten und Bedürfnissen hochaltriger hilfe- und pflegebedürftiger Männer im Bereich der stationären Altenhilfe, den Interventionsmöglichkeiten einer männerbezogenen Gerontosozialarbeit und den hilfreichen theoretischen Begriffsbestimmungen und Grundlagen einer fundierten männerbezogenen Sozialarbeit für und mit unterstützungsbedürftigen Hochaltrigen. Der Schwerpunkt der Forschung liegt auf einer intensiven Fachdiskursanalyse und Literaturrecherche möglichst aktueller Quellen im Bereich der Fachbücher und – zeitungen, aber auch in verschiedenen Fachzeitschriften und in Pressemitteilungen sowie in den Veröffentlichungen zu themenspezifischen Fachtagungen.

Abkürzungsverzeichnis

ASD	Allgemeiner Sozialdienst
BASE	Die Berliner Altersstudie
bspw.	beispielsweise
bzw.	beziehungsweise
ca.	circa
d.h.	das heißt
ebd.	ebenda
inkl.	Inklusive
s.	siehe
SGB	Sozialgesetzbuch
u.a.	unter anderem
v.a.	vor allem
WHO	World Health Organization
z.T.	zum Teil
z.B.	zum Beispiel
§ (§§)	Paragraph (en)

Hinweis:
Die Bezeichnung weiblicher und männlicher Personen durch die jeweils maskuline Form in dieser Bachelorarbeit bringt die verfassungsrechtlich gebotene Gleichstellung von Mann und Frau sprachlich nicht angemessen zum Ausdruck. Auf die Verwendung von Doppelformen oder andere Kennzeichnungen für weibliche und männliche Personen (z.B. Klient/Klientin) wird jedoch verzichtet, um die Lesbarkeit und Übersichtlichkeit zu wahren. Mit allen im Text verwendeten Personenbezeichnungen sind stets beide Geschlechter gemeint.

Inhaltsverzeichnis

1. Einleitung 5

2. Dimensionen von Hochaltrigkeit 7

2.1 Die Lebensphase Alter 7
2.2 Die individuelle Hochaltrigkeit 11

3. Dimensionen von Hilfe- und Pflegebedürftigkeit 13

3.1 Hilfebedarf bei hochaltrigen Männern 13
3.2 Pflegebedarf bei hochaltrigen Männern 14
3.3 Exkurs: Multimorbidität bei hochaltrigen Männern 15

4. Männliche Dimension 17

4.1 Sozialisation der Kriegskinder 18
4.2 Geschlechtsspezifische Anforderungen im Setting stationärer Altenhilfe 20

5. Dimensionen von Lebensqualität 24

5.1 Betrachtungsweisen von Lebensqualität bei hochaltrigen Männern 25
5.2 Lebensqualität von Hochaltrigen Männern in der stationären Altenhilfe 26

6. Dimensionen der Stationären Altenhilfe 29

6.1 Wohnformen 30
6.2 Institutionalisierung – Wie steht es um die „Totale Institution"? 31

7. Dimensionen der Rolle der Sozialen Arbeit 34

7.1 Gerontologie 34
7.2 Gerontosozialarbeit – Soziale Arbeit in der stationären Altenhilfe 37
7.3 Arbeitsfelder und –methoden der Sozialen Altenarbeit für alte Männer 39
7.4 Professionalisierungsimpulse in der stationären Altenhilfe durch die 47
Sozialarbeit 47

8. Schlussbetrachtung und Ausblick 49

Anhang 52

Quellenverzeichnis 56

1. Einleitung

Speziell zum Thema der vorliegenden Arbeit gibt es keine direkt vergleichbare Forschungsarbeit. Der Großteil der Forschungen auf dem Gebiet der Hochaltrigkeit befasst sich mit den Beeinträchtigungen durch die Demenz. Daneben gibt es einige Publikationen, welche sich mit der Lebensqualität im hohen Alter beschäftigen. Andere Texte befassen sich näher mit Altenhilfeeinrichtungen. Noch seltener befassen sich wissenschaftliche Untersuchungen mit den speziellen Eigenheiten hochaltriger Männer. Auch wenn heute etwa 75 Prozent der Hochaltrigen weiblich sind, ist es dennoch wichtig die geschlechtsspezifischen Eigenheiten der Männer stärker zu beachten. In Bevölkerungsvorausberechnungen und bei Forschungsergebnissen zum demografischen Wandel zeichnen sich seitens der männlichen Hochaltrigen steigende Altersgruppenanteile ab, somit lässt sich eine Motivation zur Forschung hinsichtlich männlicher Genderfragen ersehen.

Die vorliegende Arbeit möchte, auf der Basis einer Literatur- und Internetrecherche, folgende Frage beantworten: Wie kann die Lebensqualität von hochaltrigen hilfe- und pflegebedürftigen Männern in der stationären Altenhilfe durch die Soziale Arbeit, als begleitende Profession zur Pflege, unterstützt werden?

Dazu beschäftigt sich der Text im ersten Teil mit den einzelnen themenspezifischen Begriffsdimensionen und im zweiten Teil mit den praxisbezogenen Dimensionen der stationären Altenhilfe und der Profession Soziale Arbeit. Das erste Kapitel beschäftigt sich eingehender mit der meist letzten Phase des Lebens, der Hochaltrigkeit. Dabei werden die Zuschreibungen *Alter* und *Altern*, unter besonderer Abgrenzung der Hochaltrigkeit, voneinander differenziert. Mit steigendem Alter erhöht sich die Anfälligkeit der Menschen für Krankheit und funktionale Einschränkungen des Körpers, aufgrund dessen befasst sich das darauf folgende

Kapitel mit dem Thema Hilfe- und Pflegebedürftigkeit. Da die Lebensqualität auch im fortgeschrittenen Alter eine große Rolle spielt, ist ihr das daran anschließende Kapitel gewidmet. Das vierte Kapitel setzt sich speziell mit hochbetagten Männern, ihren Eigenheiten und den besonderen Herausforderungen im Umgang mit ihnen, auseinander. Danach folgt eine Auseinandersetzung mit der stationären Altenhilfe mit anschließender Beleuchtung des Themengebietes Soziale Arbeit für alte Menschen. Zum Abschluss dieser Theoriearbeit werden Professionalisierungsimpulse, in der Altenpflege, durch die Gerontosozialarbeit zusammengefasst.

2. Dimensionen von Hochaltrigkeit

Von verschiedenen Forschern gibt es differenzierte Betrachtungsweisen hinsichtlich der Phasen des Alter(n)s. In der aktuellen themenbezogenen Literatur Deutschlands werden vor allem folgende Bezeichnungen für die zu betrachtende Lebensspanne des hohen Alters verwendet: „Alte Alte, Sehr Alte, Älteste Alte, Hochbetagte, Höchstbetagte, Uralte, Hundertjährige, Überlebende bzw. Hohes Alter und Langlebigkeit“ (Wahl, HansWerner 2004, 53). Dabei bedient sich vermutlich die Gerontologie der neutralsten Begriffsbestimmungen zum Forschungsfeld Alter. Für sämtliche Älteren verwendet die Alternsforschung die Bezeichnung *alte Menschen* und für Menschen ab einem Alter von 80 Jahren den Begriff *Hochaltrige*. (vgl. ebd., 53ff.)

Diese Begriffszuweisung wird im vorliegenden Text übernommen und durch verschiedene Betrachtungsweisen ergänzt.

2.1 Die Lebensphase Alter

In den 20er Jahren des letzten Jahrhunderts wurde die Kindheit – auch rechtlich (z.B. durch das Reichsjugendwohlfahrtsgesetz) – als eigenständige Lebensphase anerkannt. Es sollte noch etwa 40 Jahre dauern bis auch das Alter eine ähnliche Anerkennung bekommen hat. Es wurden Gesetze und Richtlinien eingeführt, welche den Status der älteren Mitbürger sichern sollten. Im weiteren Verlauf der Jahre wurde das Alter weitaus differenzierter wahrgenommen. Ende der 80er wurde dann z.B. schon von *jungen Alten* gesprochen. Damit waren Personen gemeint welche gerade das Berufsleben hinter sich gelassen haben, sie waren noch sehr mobil und nahmen intensiv am gesellschaftlichen Leben teil. Im Verlauf der letzten Jahrzehnte wurde diese Personengruppe stetig größer, denn dank veränderter Voraussetzungen (Gesundheit, Arbeitsbedingungen) galt die Beschreibung durchaus auch für bis zu 80 Jahre alte Menschen (vgl. Happe, Günter 2002, 533; Wiesner, Reinhard 2002, 545; Böhnisch, Lothar 2008, 257)

Mit dem Einläuten des 21. Jahrhunderts kann konstatiert werden, dass die Übereinstimmung von chronologischem Alter und dem vorherrschenden Altersbild der industriellen Gesellschaft kaum mehr Bestand hat. Denn das Alter ist nicht länger ein Abschiebegleis auf dem Weg zum Tod, sondern wird verstärkt als frei gestaltbarer und äußerst dynamischer Lebensabschnitt wahrgenommen und beispielsweise zur Weiterbildung, für freiwilliges Engagement oder zur aktiven Erholung genutzt. Viele ältere Menschen gestalten ihre Lebenszeit nach dem Berufsleben durchaus aktiv und kaum mehr lethargisch. (vgl. Böhnisch, Lothar 2008, 265)

Da der Begriff Alter bzw. das Altern durchaus multidimensional betrachtet werden können und durch solche Professionen wie Medizin, Psychologie oder Soziologie auch differenziert eingestuft werden, werden im Folgenden ausgewählte Betrachtungsweisen näher beleuchtet. Aufgrund guter Kritiken der Fachwelt und der umfangreichen und langfristigen Recherche von Kurt Witterstätter sind die Ausführungen zu den verschiedenen Altersbegriffen an seinen Annahmen angelehnt (vgl. Witterstätter, Kurt 2003, 24ff.)

Kalendarisches Alter

Hierbei wird das Alter(n) ausnahmslos an den gelebten Lebensjahren orientiert. Um Erwachsene von Senioren zu unterscheiden wird die Altersschwelle in unserer

Gesellschaft meist beim 65. Lebensjahr festgelegt. Auch wenn dieses per Gesetz erlassen ist, lassen sich dennoch Ausnahmen erkennen: so geschieht der hieran gebundene Renteneintritt in vielen Fällen bereits zwischen dem 60. und 65. Geburtstag einer Person. So rückt auch in der statistischen Datenerhebung das zeitorientierte Alter bei den meisten Anwendungen auf den Beginn des sechsten Lebensjahrzehnts vor. Genutzt wird die chronologische Orientierung hauptsächlich bei der Sozial- und Altenhilfeplanung, z.B. zur Einschätzung der Dringlichkeit von altersspezifischen Maßnahmen oder zur Kontrolle der Balance von Anteilen der jungen Menschen und Menschen mittleren Alters zu denen der alten Menschen.

Soziologisches Alter

„Soziologisch wird das Alter charakterisiert durch Positionen und deren […] individuell-psychologischer als auch kollektiv-sozialer Bewertung und Deutung" (Witterstätter, Kurt 2003, 27). Solche Rollen bzw. Funktionen verändern sich bei einem Individuum im Laufe dessen Lebens. So ist es im persönlichen Gesichtsfeld einer Person beispielsweise der Funktionswechsel vom Kind zum Eltern- und dann Großelternteil. Im gesellschaftlichen Bereich ist es unter anderem der Rollenwechsel vom Schüler zum Azubi und dann zum Angestellten oder Selbstständigen. Bei einer Negation des Werdegangs eines Individuums stehen Positionsverluste im Vordergrund der Betrachtung und können somit zu einer ungünstigen Lebenseinstellung führen. Wird die Wandelbarkeit von Funktionen jedoch positiv bewertet, z.B. können eine Ausbilderfunktion oder eine Stellung in einem Vorstand lediglich über Lebenserfahrung eingenommen werden, kann dies auch zu einem erfüllten Lebensabend verhelfen.

Biologisch-medizinisches Altern

In der Geriatrie wird das Alter bzw. das Altern an einer Degeneration oder zumindest verlangsamter Regeneration am Körper eines Individuums fixiert. Zu den degenerativen Prozessen im Alter gehören u.a. der Muskelschwund, die Dezimierung der Hautzellen, die verlangsamte Produktion von Nervenzellen oder Einbußen bei der Wahrnehmung über die Sinnesorgane. Zu den altersbedingten (chronischen) Krankheiten gehören vor allem die Arthrose, der Bluthochdruck, die Schwerhörigkeit und Herz-/ Kreislauferkrankungen. Neben diesen Gebrechen sind bei älteren Menschen vor allem Arterienverkalkung, Sehbeschwerden, erhöhte Blutzuckerwerte und urologische sowie orthopädische Beschwerden weit verbreitet. Nicht alle benannten Einschränkungen sind unbedingt reine Altersphänomene, dennoch finden sie sich überwiegend bei Menschen älterer Generationen.

Psychologisches Altern

In der Psychologie ist vor allem interessant wie ein Individuum mit den altersbedingten Veränderungen an seiner Physis als auch seiner Psyche zurechtkommt, also die entsprechenden Einbußen verkraftet bzw. wo es die Wichtigkeit von Alterserscheinungen einstuft. Aufgrund dieser persönlichen Einstufung lässt sich erkennen inwieweit sich eine Person in fortgeschrittenem Alter auf die Dinge und Abläufe des Alltags einlässt oder noch einlassen kann, d.h. diese selbstständig durchführt oder eben nicht. Zum Zweck der innerpsychologischen Einordnung des eigenen Daseins vergleicht sich ein Mensch mitunter mit anderen Angehörigen seiner Gesellschaft. Eigene Talente und Gaben, aber auch Schwächen und Lebenserfahrungen können dabei positiv oder negativ in das eigene Selbstbild integriert werden.

2.2 Die individuelle Hochaltrigkeit

Diese unterschiedliche Bewertung des individuellen Befindens greift Ursula Lehr auf und unterscheidet *Jungsenioren* von *Altsenioren*. Diese Einteilung basiert somit nicht auf chronologischen Altersstufen, sondern auf deren Einstellung zum Leben und persönlichem Wohlbefinden. Senioren beider Gruppen können sich demnach in der Phase der Entberuflichung befinden, aber auch bereits die Hochaltrigkeit erreicht haben. *Jungsenioren* stehen mitten im Leben und suchen die Herausforderung mitsamt einer sinnvollen Tagesgestaltung, beispielsweise bei ehrenamtlichem Engagement, mit Hobbys, bei Reisen, mit Jobben oder in der Fortbildung. Demgegenüber stehen *Altsenioren* mit ihrer Abhängigkeit von der Wohlfahrtsfürsorge inklusive pflegerischer und hauswirtschaftlicher Unterstützung. Diese Unselbständigkeit entsteht, unabhängig vom Alter, aus gesundheitlichen Handicaps, finanzieller Überlastung oder sozialen Problemen. (vgl. Witterstätter, Kurt 2003, 55f.)

Durch die Entwicklungen und Forschungsergebnisse der vergangenen Jahrzehnte, stellt neben der psychologischen auch die soziale Gerontologie das chronologische Alter zur Festlegung von Altersphasen in Frage. Denn aufgrund verschiedenster Lebenserfahrungen und -bedingungen ist der Lebensabend eines älteren Individuums mitunter hochgradig different zu einem gleichaltrigen Gegenüber. Nicht umsonst gibt es in der Öffentlichkeit und in den Medien ständig wiederkehrende Diskussionen über das Alter, wie z.B. bei dem Streit über den gesetzlich festgeschriebenen Eintritt in das Rentenalter.

Daher empfehlen diverse Wissenschaftler sich eher am natürlichen Alterungsprozess zu orientieren. Denn gegenüber den z.T. äußerst unterschiedlichen inhaltlichen Variablen, z.B. den subjektiven und objektiven Wahrnehmungen zur Anteilnahme am Leben, sind augenscheinlich voranschreitende Entwicklungen mit steigendem Alter einfacher zu dokumentieren, z.B. sind laut Berliner Altersstudie (kurz: BASE) Hochaltrige bei eingeschränkter Lebensteilhabe überrepräsentiert.

Werden internationale und nationale Forschungsergebnisse und Publikationen auf den Begriff *Hochaltrigkeit* hin untersucht, wird schnell klar, dass es hierzu keine einheitlichen chronologischen Grenzen gibt. Gerade in deutschsprachigen Publikationen finden sich Angaben von 80 bis 90 Lebensjahren. (vgl. BMFSFJ 2002, 53)

3. Dimensionen von Hilfe- und Pflegebedürftigkeit

Auch wenn nicht jeder ältere Mensch Hilfe und Unterstützung von anderen Personen benötigt, potenziert sich dennoch der Hilfe- und Pflegebedarf bei hochaltrigen Individuen. Um sich diese Entwicklung besser vor Augen führen zu können wird das gesetzlich bestimmte Alter noch einmal unterteilt. Bei dieser Unterteilung gibt es dann z.B. die 60 bis 80jährigen Senioren und die Hochaltrigen mit 80 und mehr Jahren. Während es in der erstgenannten Gruppe einen Anteil von Hilfsbedürftigen bei unter neun Prozent und von Pflegebedürftigen unter vier Prozent gibt, gibt es bei etwa 30 Prozent der über 80jährigen einen Pflegebedarf und bei rund einem Drittel einen Hilfebedarf. (vgl. Witterstätter, Kurt 2003, 29)
Zur besseren Unterscheidung von Hilfe- und Pflegebedarf wird im Folgenden der Umfang der Bedürfnisgrundlagen genauer erörtert.

3.1 Hilfebedarf bei hochaltrigen Männern

Als hilfebedürftig sind Individuen zu erachten, welchen es nahezu unmöglich ist, ohne Hilfe von außen, ein menschenwürdiges Leben zu führen. In aktuellen Fach- und Gesetzestexten wird nicht mehr von Hilfebedürftigkeit gesprochen, sondern von Hilfebedarf und in Bezug auf die jeweilige Person werden die Begriffe Hilfesuchender und Hilfeempfänger verwendet. Für eine Bestimmung des Hilfebedarfs und einer Festlegung von eingreifenden Hilfsmaßnahmen ist es belanglos, ob diese Bedürftigkeit durch Fremd- oder Eigeneinwirkung entstanden ist. Veranlassungen zu einer Notlage können vielfältig sein. Im hohen Alter sind dies vor allem geistige oder körperliche Einschränkungen, beispielsweise eine Trübung oder den vollständigen Verlust des Sehvermögens, aber auch einen Pflegebedarf jeglicher Art. Daneben führen dazu ebenso ausstehende Zahlungen von Krankengeld, Grundsicherung und des Rentengeldes. (vgl. Hesse-Schiller, Werner 2002, 455f.)

3.2 Pflegebedarf bei hochaltrigen Männern

Verluste von Möglichkeiten zur aktiven Bewältigung von Lebensaufgaben älterer Menschen werden unter dem Oberbegriff der Pflegebedürftigkeit zusammengefasst. Durch eine institutionalisierte Altenhilfe, mit ambulanten, teilstationären und stationären Einrichtungen, wird versucht solche Bedarfe abzudecken. Perspektivisch werden für das Jahr 2030 etwa 2,6 Millionen pflegebedürftiger Senioren erwartet. Bei dieser konservativen Ansicht wird davon ausgegangen, dass sich die Zahl Hochaltriger enorm erhöht und etwa ein Viertel dieser Gruppe als pflegebedürftig einzustufen ist. Durch die Beachtung aktueller Trends und Forschungsergebnisse kann diese pessimistische Zukunftsprognose nicht aufrecht erhalten werden. Durch abwechslungsreiche Ernährung und optimierte Arbeitsbedingungen, verbesserte Prävention als auch Intervention in der Medizin und spezielle geriatrische Angebote wird eher davon ausgegangen, dass die Pflegebedarfsrate von Hochbetagten eher stagniert. Optimistische Ergebnisse sprechen für 2030 von 2,2 Millionen Pflegebedürftigen, welche unter Umständen noch nicht einmal in jeglicher Hinsicht Pflege bedürfen. (vgl. Witterstätter, Kurt 2003, 45)

Im Rahmen der Pflegeversicherung werden die Pflegebedürftigkeit und deren Stufen in den Paragraphen §§ 14 und 15 SGB XI sehr genau festgelegt (siehe Anhang 1). Dennoch findet diese Bezeichnung in der deutschen Rechtsprechung keine homogene Anwendung. (vgl. Frank, Werner 2002, 696ff.)

3.3 Exkurs: Multimorbidität bei hochaltrigen Männern

Krankheiten, welche den Hilfe- und Pflegebedarf nach dem SGB XI verursachen, werden im § 14 SGB XI eingehend benannt (s. Anhang 1). Darunter fallen bei Hochaltrigen neben vielen allen anderen Störungen der Gesundheit: Herz-Kreislauf-Beschwerden, Krebserkrankungen und demenzielle Beeinträchtigungen. (vgl. ebd. 2002, 696ff.)

Durch diverse Forschungsergebnisse ist nachgewiesen worden, dass mit zunehmendem Alter und dabei schwächer werdendem Immunsystem verschiedene Krankheiten langwieriger, des Öfteren und mehrfach synchron auftreten. Im letztgenannten Fall, bei fünf und mehr nebeneinander bestehenden Erkrankungen, spricht die Fachwelt von der sogenannten Multimorbidität Knapp 90 Prozent der Menschen welche 70 Jahre und älter sind, sind von so einem Mehrfachleiden betroffen. Ein Drittel derer sind in ihrer Selbstständigkeit dadurch mittel- bis hochgradig eingeschränkt. (vgl. Witterstätter, Kurt 2003, 25)

Die verschiedenen Gebrechen und Erkrankungen mit ihren differierenden Auswirkungen auf die Betroffenen (z.B. Höhe der verbleibenden Lebenszeit, gibt es akute Schmerzempfindungen, Umfang von Eigenkompetenzen) sind unabdingbare

Grundlagen einer professionellen und interdisziplinären Intervention. Die multiplen Kombinationsvarianten von Polypathie bei den zu Pflegenden sollten einzigartig zugeschnittene Interventionsansätze bedingen. (vgl. Werner, Hansjörg 2002, 655)

4. Männliche Dimension

Um heute zu den hochaltrigen Männern gehören zu können, müssen diese etwa zwischen 1925 und 1930 geboren worden sein. Man(n) war dementsprechend zu Kriegsbeginn entweder neun oder vierzehn Jahre alt. Nach der Beendigung des zweiten Weltkrieges waren die Überlebenden dieser Generation 15 bis 20 Jahre alte Jugendliche und junge Erwachsene. Es ist somit davon auszugehen, dass die heutigen Hochaltrigen stark vom Kriegsgeschehen, den Nationalsozialisten und vielen Repressalien (z.B. in der Nachkriegszeit) geprägt worden sind.

Um eine mögliche Zielgruppe Sozialer Altenheimarbeit erfassen zu können, werden in der Folge einige Zahlen aufgeführt, die sich an der Recherche von Hartmut Radebold (2004) orientieren.

Fast ein Viertel aller Deutschen in der BRD haben 60 Jahre Lebenserfahrung und mehr, dementsprechend sind es ein Drittel aller deutschen Erwachsenen. Kategorisiert man die heute noch Lebenden nach Jahrgängen ihrer Geburt, in Bezug auf die damalige Zeit, ergibt sich folgendes Bild: Zum Einen gibt es die 16,63 Millionen der „*unter 18-jährigen*" (zum Ende des Krieges im Jahr 1945), welche als weitgehend passiv, am Krieg beteiligt, gelten. Daneben leben die 5,22 Millionen „*18- bis 24-jährige*", welche als eventuell aktiv beteiligt angesehen werden können, d.h. sie waren vermutlich „junge Soldaten bzw. Helfer in der Kriegsproduktion, bei der Wehrmacht oder der Kinderlandverschickung" (Radebold, Hartmut 2004). Und zum anderen existieren noch insgesamt 2,6 Millionen der damals „*über 25-jährigen*", welche spätestens 1920 geboren wurden und in Folge dessen sehr wahrscheinlich aktive und mitverantwortliche Kriegsbeteiligte waren. Auch wenn die Frauen hierbei den größeren Anteil ausmachen ist der Männeranteil dennoch beachtenswert: in der ersten Gruppe einer Generation sind es etwa 7,9 Millionen, was einem Anteil von fast 48 Prozent entspricht; in der zweiten Altersgruppe sind 1,54 Millionen Männer vertreten, womit sie nahezu 30 Prozent der Gesamtgruppe ausmachen; in der dritten und gleichzeitig ältesten Gruppeneinheit sind es 0,68 Millionen Männer und somit etwas mehr als 26 Prozent. (vgl. ebd. 2004)

4.1 Sozialisation der Kriegskinder

Der Begriff *Kriegskinder* soll hier als Sammelbegriff für alle eben behandelten Kohorten dienen. Also für die Jungen, jungen Burschen und jungen Männer welche damals aktiv und passiv von den Problemen in Deutschland, von den Nationalsozialisten, vom Kriegsgeschehen, von der Nachkriegszeit, von der Zeit des Wiederaufbaus und später sogar teilweise vom so genannten Wirtschaftswunder Deutschland (Wirtschaftsaufschwung im ehemaligen Westdeutschland, ab den 1950er Jahren) geprägt wurden.

Neben der Erziehung zum so genannten Übermenschen und entsprechender nationalsozialistischer Dauerpropaganda, wurden unsere heutigen Hochaltrigen nach dem traditionellen Geschlechterbild geprägt: Die Frauen gehören zu Heim, Herd und Kind, die Männer waren die Versorger der Familie und hatten entsprechende Aufgaben aber auch Privilegien. Dennoch erlebten viele Menschen, während aber auch nach dem Krieg, abwesende Väter. Ihnen fehlten männliche Vorbilder, da diese im Einsatz verschollen und gestorben waren oder viele Jahre in Kriegsgefangenschaft verbrachten bevor sie nach Hause kamen, wenn es dann noch ein Zuhause gab. Der historisch recherchierte Film von Sönke Wortmann „Das Wunder von Bern“ zeigt neben dem Fußballerfolg von 1954 auch die Problematik der veränderten heimkehrenden Männer und Väter im Rahmen der Nachkriegszeit.

Nach der Beendigung des zweiten Weltkrieges waren die Deutschen – unerheblich ob Soldat oder Zivilist – die *Besiegten* der Alliierten. Nach einiger Zeit etablierte sich im Sprachgebrauch der Begriff *Befreite* und im Laufe weiterer Jahre bzw. nach einigen Jahrzehnten wurde Forschern und Bevölkerung stärker bewusst, dass die Deutschen eben auch *Leidtragende* waren. Zu den leidvollen Erfahrungen der Kriegsgenerationen gehören: Entwurzelung, andauernde Abwesenheit bzw. vollständiger Verlust von enorm wichtigen Bezugspersonen wie Eltern, Geschwister und/oder Großeltern, Besitzlosigkeit, Verelendung mit einhergehender Unterversorgung durch Nahrung, Bombardement-erfahrungen und andere tiefgreifende Erlebnisse bzw. Taten. Diese inhumanen Geschehnisse betrafen die Kriegsgenerationen in differenzierter und oft multipler Verkettung mit heterogenem Verlauf und mannigfacher Ausformung. (vgl. Radebold, Hartmut 2007, 126)

In der Nachkriegszeit gab es weiterhin viele Probleme zu bewältigen. Das Land war durch den Krieg zerstört, es galt Reparaturleistungen zu zahlen, der Wiederaufbau und die Neustrukturierung der Gesellschaft standen an, und schließlich trieb der Hunger die Menschen, vor allem im sogenannten Hungerwinter 1946/47, um. In einem Dokumentationsdrama des Fernsehsenders ARD über diesen Winter werden anhand von ausgewählten Interviewpartnern die damaligen Nöte dargestellt: zerrissene Familien und Kindersterben, Vergewaltigungen, Material- und Nahrungsdiebstahl (meist aus Verzweiflung), Arbeitslosigkeit und Geldmangel, fehlender oder desolater Wohnraum, eine schlechte Gesundheitsversorgung, Heimatlosigkeit und viele Kriegsversehrte waren nur einige davon.

Seit dem Jahrtausendwechsel weisen diverse Analysen auf unterschiedlichste Anzeichen von Störungen bei älteren Menschen hin, welche ihre Ursachen scheinbar bei dem damals Erlebten haben. Diese Ergebnisse werden noch durch langfristig angelegte Analysen der Psyche Betroffener, Längsschnittstudien und Repräsentativbefragungen eines definierten Bevölkerungssegments unterstrichen. Die gegenwärtig verstärkt bei Pensionären auftretenden leichten bis mäßig schweren Depressionssymptome lassen sich anhand dieser Befunde durchaus mit den einschneidenden Erfahrungen der Kriegsund Nachkriegszeit in Zusammenhang bringen: Wenn beispielsweise eine Bezugsperson (wie Partnerin oder Kind) stirbt, können sich Erinnerungen an Verluste in Kindheit und Jugend Bahn brechen. Durch aktuelle Forschungsergebnisse werden Zusammenhänge zwischen ungünstigen Lebensumständen in der Kindheit und psychischen als auch physischen Einschränkungen im Alter angedeutet. (vgl. Radebold, Hartmut 2007, 128f.)

4.2 Geschlechtsspezifische Anforderungen im Setting stationärer Altenhilfe

Wenn man die ehemaligen „*unter 18-jährigen*" Männer (Radebold, Hartmut 2004) außer Acht lässt, ergibt sich eine männliche Zielgruppe von etwa 2,22 Millionen Einzelpersonen für die Gerontosozialarbeiter in der stationären Altenhilfe. Spezifische Eigenheiten von Männern werden von verschiedenen Autoren beschrieben oder anhand von Studien aufgezeigt, mit dem Ergebnis: Sie sind definitiv anders als Frauen im Umgang mit ihrem Alter und den dazugehörigen Einschränkungen bzw. Veränderungen. Die Hilfe- und Pflegebedürftigkeit eines heute Hochbetagten hat ihren Ausgangspunkt somit durchaus auch in den traumatischen Erlebnissen eines sogenannten Kriegskindes.

Des Weiteren sind Ursachen für die zunehmende Multimorbidität Hochbetagter – vor allem bei Männern – beim idealisierten Selbstbildnis auszumachen. Denn zu den Zeiten Nationalsozialistischer Propaganda, entsprechenden Gesellschaftsparadigmen und innerfamiliären Gesetzmäßigkeiten galten Gehorsam, Widerstandsfähigkeit und Beharrlichkeit, sowie der Vorrang von Gemeinschaftsinteressen und die unbarmherzige Ausbeutung des eigenen Körpers als Lebensmaxime. Diese verzerrte Selbstwahrnehmung half vielen Menschen durch die schweren Lebensbedingungen am Ende des Krieges und der nachfolgenden Zeit. „Diese ich-syntonen Verhaltensweisen halfen besonders den Jungen, Kriegs- und Nachkriegszeit zu überleben"(Radebold, Hartmut 2004). Jedoch führten diese auch zur lebenslangen Ablehnung von Regenerationsangeboten, erforderlichen Therapien und unerlässlicher Prophylaxe. Werden heute solche Angebote durch bestimmte Situationen notwendig nehmen die v.a. männlichen Betroffenen diese nur widerwillig an oder beenden diese vorzeitig, dabei nehmen sie auch unfertige Heilungsprozesse in Kauf. Durch die Jahrzehnte dauernde Missachtung von Signalen des Körpers und dessen unzureichender Pflege kommt es bei vielen ehemaligen so bezeichneten Kriegskindern zu einer Anhäufung von körperlichen und seelischen Gebrechen im hohen Alter. Durch verdeckte Traumata und den Verschleiß des Körpers wird dementsprechend eine Polypathie begünstigt, welche dann in einem Hilfe- und Pflegebedarf gipfeln kann. Speziell bei hochaltrigen Männern ruft der damit einhergehende Verlust, ihrer inzwischen gewohnten Autonomie, verschüttete Empfindungen von Machtlosigkeit, Freiheitsentzug oder absoluter Wehrlosigkeit hervor, welche ihnen aus der Kindheit allzu bekannt sind. (vgl. Radebold, Hartmut 2007, 130)

Sozialarbeiterische und pflegerische Interventionen sollten in Bezug auf die männlichen Klienten (eventuell existente) nachstehende Störungen berücksichtigen: Bindungsängste, Beziehungsunfähigkeit sowie eine instabile psychosexuelle und –soziale Identität, welche auf fehlende Möglichkeiten zur Triangulation zwischen Vater, Mutter und Sohn beruhen können. Aufgrund des oftmals abwesenden Vaters, durch Kriegsteilnahme bzw. Kriegsgefangenschaft, schwerwiegenden Verwundungen oder durch dessen Tod, stand dieser nicht als männliches Vorbild zur Verfügung, wodurch es zu eher ungünstigen bzw. einseitigen Mutter-Sohn-Beziehungen kommen konnte. Der fehlende Einfluss der Vaterfigur erschwerte den erwachsenen Söhnen die Ablösung von der Ursprungsfamilie (insbesondere der Mutter) und deren Emanzipation zu einem integeren Mann. (vgl. Radebold, Hartmut 2004)

Hilfe- und pflegebedürftige Männer der beschriebenen Jahrgänge, in der stationären Altenhilfe, haben im Laufe ihres Daseins somit schon viele Höhen und Tiefen erlebt. Gerade die Talsohlen (siehe oben) des Lebensweges haben manche der, heute hochaltrigen, Männer gezeichnet und wirken sich in der Altenhilfeinstitution durch schwierige Integrationsprozesse und einer Neigung zur Isolation der männlichen Bewohner aus. Andere Hochbetagte Männer aus den oben benannten Kohorten weisen z.T. eine hohe Abhängigkeit gegenüber der alltäglichen Unterstützung durch ihre Partnerinnen auf. Ohne ihre *bessere Hälfte* sind diese Männer relativ hilflos (in vielen Fällen wurde ihnen z.B. das Führen des Haushaltes nicht beigebracht) und haben daher einen erhöhten Bedarf an Unterstützung. (vgl. Hollstein, Walter 2007, 14)

An diesem Unterstützungsbedarf hochaltriger Männer kann die Gerontosozialarbeit mit männerbezogenen und bedarfsorientierten Case Management ansetzen. Hierbei wird Ihnen nach erfolgter Anamnese, unter Beachtung der Gesprächsführungsmethode und von im Studium erlernten Interviewtechniken, eine biografiebezogene und fallspezifische Intervention (z.B. die Erstellung eines individuellen Tagesablaufplanes, im Rahmen der Möglichkeiten in einer Institution) angeboten.

5. Dimensionen von Lebensqualität

Der Terminus *Lebensqualität* ist nur bedingt mit der Qualität des Lebens gleichzusetzen. Vielmehr ist er Oberbegriff für diverse Forschungskonzepte und fand ab etwa 1970 Geltung in der wissenschaftlichen Fachliteratur, v.a. in der Soziologie. Das Konzept *Lebensqualität* ist bemüht persönliche Impressionen, Prioritäten und Umgebungseinflüsse aus der einzigartigen Sicht eines Individuums zu verstehen. Davor orientierten sich sozialwissenschaftliche Untersuchungen hauptsächlich an den substanziellen Reserven von Einzelpersonen. (vgl. Riepe, Matthias/ Gutzmann, Hans 2010)

Nach den, inzwischen gängigen, Konzeptvorstellungen und ihrer Verbindung mit den Vorstellungen über Gesundheit bezeichnet die World Health Organization (kurz: WHO) *Lebensqualität* als „Zustand des vollständigen körperlichen, geistigen und sozialen Wohlergehens" (ebd. 2010) und betrachtet diese keinesfalls als situative Abstinenz von jedweder Erkrankung oder sonstigem Leiden. (vgl. ebd. 2010)

Im vierten Altenbericht der Bundesregierung geht man besonders auf die Ressourcen und Kompetenzen der alten Menschen ein. Am meisten interessiert uns hierbei die Untersuchung der Lebensqualität von Hochaltrigen. Wie im folgenden festzustellen ist, kommt es dabei auf verschiedenste Faktoren an. Neben vielen Unterschieden zwischen den Menschen des fortgeschrittenen Alters, ergaben die Forschungsergebnisse grundlegende Gemeinsamkeiten hinsichtlich der Lebensqualität.

In Kapitel drei des Berichts wird deutlich, dass für viele Menschen Alterungserscheinungen bereits als qualitätsmindernd eingestuft werden. Daneben wird die Qualität des Lebens häufig erst dann wirklich wichtig, wenn sie aufgrund von Krankheit oder Gebrechlichkeit zu schwinden droht. (vgl. BMFSFJ 2002, 71)

5.1 Betrachtungsweisen von Lebensqualität bei hochaltrigen Männern

Im Folgenden werden drei Arten der Lebensqualitätsmessung vorgestellt. Danach folgen Ausführungen zur Lebensqualität im hohen Alter mit anschließender Spezialisierung auf deren Qualität in der stationären Altenhilfe.
Für die drei Betrachtungsweisen werden Ausführungen aus dem so genannten Vierten Altenbericht verwendet, da dessen Publikation bundesweite Anerkennung genießt. (vgl. BMFSFJ 2002, 71ff.)

Objektive Betrachtungsweise von Lebensqualität
Um die jeweilige Lebenslage objektiv zu betrachten, gehen einige Forscher auf vorhandene persönliche Ressourcen, Ressourcen der Umwelt und die bestehende Infrastruktur zur Bestimmung der Lebensqualität ein. Grundsätzlich können dabei Gesundheit, physische als auch psychische Stabilität, Bezüge und finanzielle Sicherheit, soziale Kontakte, Wohnraumbeschaffenheit und eben die Verkehrsanbindung als Bemessungsfaktoren herangezogen werden.

Subjektive Betrachtungsweise von Lebensqualität
Andere Forscher legen bei der Bewertung von Lebenszufriedenheit die Meinung des zu untersuchenden Individuums als Bemessungsgrundlage fest. Bei vorhergehenden Untersuchungen hat sich immer wieder herausgestellt, dass objektiv festgestellte Qualitätsmerkmale nicht unbedingt deckungsgleich mit der individuellen Meinung

sein müssen, z.B. kann gesunde Ernährung nach den neuesten Forschungsergebnissen bei Hochaltrigen und ihren Essgewohnheiten auf wenig Gegenliebe stoßen. Somit wurde festgelegt, dass die Perspektive der beobachteten Subjekte in eine Qualitätsbeleuchtung einfließen muss.

Integrative Betrachtungsweise von Lebensqualität

In der aktuellen Forschung hat sich somit eine erweiterte Konzeption zur Betrachtung von Lebensqualität bewährt, d.h. es werden sowohl objektive Lebensbedingungen als auch subjektive Empfindungen in die Erhebungen einbezogen. „Lebensqualität muss also als multidimensionales Konzept aufgefasst werden. Materielle und immaterielle, objektive und subjektive, individuelle und kollektive Aspekte von Wohlergehen und Wohlfahrt fließen in das Konzept der Lebensqualität ein." (BMFSFJ 2002, 73) Insbesondere bei Menschen mit mehr als 80 Lebensjahren hat es sich bewährt beide Perspektiven heranzuziehen, um sich ein genaues Bild ihrer Lebensbedingungen erstellen zu können.

5.2 Lebensqualität von Hochaltrigen Männern in der stationären Altenhilfe

Neben diesen universalen Feststellungen ist natürlich zu hinterfragen, ob diese Ansichten auch gleichwertig auf hochaltrige Menschen übertragbar sind. Umfragen ergaben dabei ebenso Übereinstimmungen wie auch Unterschiede zwischen den Generationen. Nach den oben benannten Wohlfühlfaktoren gelten für hochaltrige Männer verstärkt die Gesundheit, sozialer Rückhalt, der Schutz vor kriminellen Übergriffen und angesichts des nahenden Lebensendes durchaus auch religiöse Unterstützung, als zunehmend wichtig. (vgl. BMFSJ 2002, S. 75f.)

Faktoren zur Bestimmung einer Lebensqualität in der stationären Altenhilfe sind so different wie die Betrachtungsweisen ihrer jeweiligen Nutzer oder Einrichtungsarten bzw. –formen. Die aufkeimende Kundenorientierung in der Altenpflege kann sich an nachfolgenden Gesichtspunkten ausrichten: weitgehende Selbstbestimmung der (größtenteils hochaltrigen) Bewohner, Beachtung individueller Einrichtungswünsche, Mitgestaltungsrecht am Tagesablauf in der Institution, attraktive Angebote zur individuellen Freizeitgestaltung, gute Erreichbarkeit der Heimleitung, qualitativ hochwertige und fachgerechte Pflege, bedarfsorientierte Ernährung, serviceorientiertes Heimpersonal, lebensstilgerechte Wohneinheiten und die Beachtung von Hygienebestimmungen und entsprechender Sauberkeit. Des Weiteren kann die sogenannte *Pflege-Charta* als Wegweiser zu einer Lebensqualitätsabsicherung dienen. (vgl. Häberle, Wolfgang/ Stärck, Bernhard)

Ein weiterer Einfluss auf die Lebensqualität in der stationären Versorgung von hilfeund pflegebedürftigen Personen kann in der Beteiligung von Angehörigen am Betriebsablauf einer Station gesehen werden, denn in jeder Lebenslage der hochbetagten Menschen sind es vor allem die Verwandten, welche sich um die Belange der Senioren bemühen. Dennoch ist es an der Tagesordnung eine Abhängigkeitskompensation durch Anverwandte weitestgehend aus dem Pflegealltag zu verbannen. An diesem Missstand setzt die *Gesellschaft zur Integration von Angehörigen im Gesundheitswesen* mit ihren Angeboten an. Dazu gehören ihr Modell der *Evidenzbasierten Angehörigenintegration* sowie ihre Projekte *Angehörigen-Assessment* und *Die Betroffenen in der Pflege erfolgreich zusammenführen*. Ziel dieser Verfahren soll es u.a. sein: „Um die Lebensqualität unterstützungsbedürftiger alter Menschen zu optimieren, gilt es, neben den pflegerischen die sozialen, hauswirtschaftlichen und auch die medizinischen

Einzelaktivitäten zusammenzuführen“ (George, Wolfgang 2009). Dadurch soll eine Erhöhung der Fürsorge- und Lebensqualität bei Betreuten und Angehörigen bewirkt werden, sowie gleichzeitig eine Belastungsminderung seitens des Pflegepersonals. (vgl. ebd. 2009)

Dabei können diese multidimensionalen Beeinflussungen sowohl zur präventiven Auswahl einer individuell passenden Altenhilfeeinrichtung gesehen werden und auf professioneller Ebene als Ausgangspunkt einer Sozialarbeiterischen Intervention (z.B. in der Pflegeleitbildüberarbeitung oder in der Mitarbeiterfortbildung zum Thema Pflege-Charta) dienen.

6. Dimensionen der Stationären Altenhilfe

Seit vielen Jahrzehnten ist die Unterbringung von polymorbiden hochaltrigen Menschen in Pflegeheimen eine unerlässliche Unterstützung für unselbständige Senioren und deren Angehörigen. Derzeit nutzen rund fünf Prozent der Senioren die Angebote der vollstationären Pflegeeinrichtungen. Die Beweggründe zur Heimaufnahme sind ebenso individuell wie die Antragsteller selbst. Hierbei stehen vor allem folgende Anlässe im Vordergrund: physische und psychische Degeneration der Hilfsbedürftigen, fehlende Unterstützung, schlechte Wohnverhältnisse und (Über-) Belastung der Angehörigen und Pflegenden. (vgl. Witterstätter, Kurt 2003, 151f.)

Einen Versorgungsvertrag als *vollstationäre Pflegeeinrichtung* (nach § 43 SGB XI) hatten zum Jahresende 2007 etwa 9.900 darauf spezialisierte Betriebe, in denen insgesamt etwa 6600 Sozialarbeiter ein passendes Arbeitsfeld gefunden haben. Sechs Prozent der Heime stehen unter der Leitung durch Öffentliche Träger, 39 Prozent befinden sich in freier Trägerschaft und 55 Prozent der Einrichtungen werden durch die Wohlfahrtsverbände getragen. Mehrere Servicestufen gleichzeitig (z.B. Altenwohnheim- bzw. Altenheimplätze) bieten etwa 20 Prozent der stationären Heime an. Auf Langzeitpflege spezialisierte Heime haben im Durchschnitt 67 Bewohner und ein Platz der Pflegestufe III kostet die Bewohner (inkl. des Pflegesatzes, der Hotelkosten und des Investitionsbeitrages) bundesdurchschnittlich ca. 2.770 Euro pro Monat. Der überwiegende Teil der Pflegeheime beherbergt Menschen mit unterschiedlichen Bedarfen: 93 Prozent versorgen hauptsächlich ältere Senioren, drei Prozent setzen gerontopsychiatrische Schwerpunkte und zwei Prozent der Heime kümmern sich explizit um Hochaltrige mit Behinderungen und speziellem Pflegebedürfnis. (vgl. Schmidt, Roland 2010, 175f.)

6.1 Wohnformen

Es gibt in Deutschland diverse Formen des betreuten Wohnens für hilfe- und pflegebedürftige alte Männer. Dabei unterscheiden sie sich nicht nur in der Art des Wohnens oder der Betreuung, sondern auch in der Qualität, bei der Größe und den verschiedenen baulichen Gegebenheiten. Des Weiteren unterscheidet sich der Standard vieler stationärer Einrichtungen aufgrund deren jeweiliger Verortungen. So waren im Jahr 2000 viele Altenheime in den fünf neuen Bundesländern weniger modern ausgestattet, als die Gegenstücke in den sogenannten alten Bundesländern Deutschlands. Noch wenige Jahre zuvor, im Jahr 1998, lag beispielsweise laut einer Erhebung von Infratest der Anteil von Einbettzimmern in ostdeutschen Einrichtungen bei lediglich 43 Prozent und in westdeutschen Anlagen bei etwa 51 Prozent. (vgl. Witterstätter, Kurt 2003, 153f.)

Umgangssprachlich gibt es die verschiedenartigsten Bezeichnungen von Heimen zur Pflege bzw. Betreuung von alten und teilweise labilen Senioren, wie Feierabendheim, Seniorenresidenz, Altersheim oder Pflegeheim. Durch den Deutschen Verein für öffentliche und private Fürsorge werden auf fachlicher Ebene drei Arten von stationären Einrichtungen unterschieden. Zum einen gibt es danach das *Altenwohnheim*, in welchem den Nutzern Hilfe und Pflege als Service angeboten wird, ihnen jedoch primär autarkes Leben in separaten Wohneinheiten möglich ist. Daneben bestehen sogenannte *Altenheime*, in denen kein eigener Haushalt mehr zur Verfügung gestellt wird, sondern die Serviceempfänger umfassend versorgt werden. Die aufwendigste Betreuung wird im *Altenpflegeheim* angeboten, denn hier gibt es neben der allgemeinen Rundumversorgung spezielle palliative und caritative Interventionen. (vgl. ebd. 2003, 154)

Um das Serviceangebot für Senioren zu bündeln geht man inzwischen bei deren Betreuung zu sogenannten *Servicehäusern* über. Diese Häuser bieten den Bewohnern drei Servicestufen an. Ein Teil der Wohnungen steht den selbstständigen Rentnern zur Verfügung, ein anderer bietet den Nutzern Wohnen mit hauswirtschaftlicher und sozialer Betreuung und der dritte Teil bietet den Hilfe- und Pflegebedürftigen Vorteile eines *Altenpflegeheimes* an. Das Hauptaugenmerk einer solchen Einrichtung liegt darauf, dass der Benutzer seinen Lebensabend in ein und demselben Appartement verbringen kann, unerheblich dabei ist, ob sich sein Zustand verbessert oder verschlechtert. Ganz nach dem volkstümlichen Spruch „einen alten Baum verpflanzt man nicht“. (vgl. ebd. 2003, 155)

6.2 Institutionalisierung – Wie steht es um die „Totale Institution“?

Die nahezu allgemeingültigen ökonomischen Ziele der Heime zur Rationalisierung, also zur Kosten- und Ablaufoptimierung, bieten dem Pflegepersonal wenig Raum für soziales Miteinander mit den Patienten. Durch die weitgehende Einsparung von individueller Versorgung und emphatischer Aufmerksamkeit in Bezug auf die Einrichtungsbewohner kam es zu der Bezeichnung „totale Institution“ für Altenpflegeheime. Der durch Erving Goffmann (Ende der 60er Jahre) ausgebildete Begriff *totale Institution* fand ursprünglich Verwendung im Zusammenhang mit Verwahrungsanstalten für Gesetzesbrecher oder Geistesgestörte. Solch eine Institution lässt sich über folgende Erkennungszeichen definieren: 1.) Jegliche Verrichtung alltäglicher Angelegenheiten findet an einem festgesetzten Ort unter ein und derselben Obrigkeit statt. 2.) Alle Betreuten der Einrichtung haben einen identischen Tagesablauf. Dieser Tagesablauf muss minuziös eingehalten werden. 3.) Der Handlungsspielraum und das Tätigkeitsfeld des Einzelnen sind stark beschränkt, größtenteils zweckgebunden und den Einrichtungsmaximen untergeordnet. 4.) Das Individuum hat hier zu keiner Zeit die Möglichkeit zu einem Rollenwechsel oder zur Veränderung seiner Position innerhalb des bestehenden Gefüges. (vgl. Witterstätter, Kurt 2003, 168f.)

In gegenwärtigen Diskussionen wird die Bezeichnung *totale Institution* für Einrichtungen der stationären Altenhilfe in Frage gestellt. Für die benannten Wohnformen sind die einzelnen Erkennungszeichen der totalen Institution zwar zutreffend, jedoch in einer weniger stark ausgeprägten Form. Aufgrund dieser Erkenntnis führte die Amerikanerin Shield einen neuen Begriff ein, den der *gemäßigten totalen Institution* oder auch *Pseudo-totalen Institution*. (vgl. Heinzelmann, Martin 2004, 44ff.)

Die Unterschiede zur totalen Institution werden an dieser Stelle in tabellarischer Form dargestellt:

(Schaubild in Anlehnung an Heinzelmann, Martin 2004)

	totale Institution	**Pseudo-totale Institution**
Art der Mitgliedschaft	erzwungen	notwendig
Dauer der Mitgliedschaft	limitiert	bis zum Tod
Abgeschlossenheit	stark	theoretisch offen
Orte	ein Ort	überwiegend ein Ort
	totale Institution	**Pseudo-totale Institution**
Zeiteinteilung	reglementiert	reglementiert
Versorgung	durch Institution	überwiegend durch Institution
Kleidung	Uniform	privat
Zimmereinrichtung	durch Institution	teilweise durch Institution
soziale Beziehungen	Hierarchie	frei
Beziehungen zum Personal	Trennung	unterschiedlich

Diese Übersicht lässt die Vermutung zu, dass heutige Altenheime der so genannten Pseudo-totalen Institution untergeordnet werden können. Einige Punkte sollen beispielhaft diese Überlegung untermauern. Heimbewohner verlassen nur selten die Einrichtungen und meist in Begleitung. Aber sie können die Einrichtung verlassen wann immer es ihnen beliebt. Sie können sich der direkten Kontrolle durch das Personal entziehen, was in totalen Institutionen nicht der Fall ist. Auch besteht das Ziel der Altenheime darin die Bewohner in ihrer Lebensführung zu unterstützen. So wird ihnen relativ viel Zeit zur Verfügung gestellt welche sie individuell füllen können. In totalen Institutionen hingegen werden Mitglieder vom Personal kontrolliert. Ihre Tagesgestaltung richtet sich einzig nach den Zielen der Organisation.

Die Strukturierung des Tages jedoch wird übereinstimmend für beide Arten von Institutionen durch festgelegte Zeitpunkte bestimmt. Kennzeichnend für totale Institutionen ist ferner die Abgeschlossenheit der Orte (abgeschiedene, relativ menschenleere Gegenden). Altenheime hingegen befinden sich oft in direkter Nachbarschaft zu sozialen Zentren, beispielsweise aufgrund eingeschränkter Mobilität einiger Nutzer.

Differenzen bestehen in der Institution Altenheim auch hinsichtlich der Art der Mitgliedschaft. Sie erfolgt nicht wie in der totalen Institution zwanghaft sondern lässt sich zwischen freiwillig und notwendig eingruppieren. Auch die Dauer der Mitgliedschaft ist nicht limitiert sondern währt meistens bis zum eintreten des Todes der Bewohner. (vgl. Heinzelmann, Martin 2004, 228ff.)

7. Dimensionen der Rolle der Sozialen Arbeit

Analysen der Soziologie und Sozialpsychologie zur Lebensführung im höheren Alter können unter anderem als Basis für sozialarbeiterische Interventionen in den verschiedenen Pflegeheimformen sein. Aus der Sicht der Sozialen Arbeit ist es, vor allem hinsichtlich der stationären Altenhilfe, durchaus sinnvoll zu eruieren, ob die hochaltrigen Nutzer und hier insbesondere die hochaltrigen Männer sich in solch einer Einrichtung sich lediglich dem bestehenden Instituts- und Pflegeleitbild unterordnen müssen oder ob es ihnen ermöglicht wird eigene Ideen und Lebenserfahrungen in den Organisationsalltag und –ablauf einzubringen. Gerade um den hochaltrigen Männern diese Möglichkeit zuzusichern, kann es ein Eingreifen Sozialer (Alten-) Arbeit erfordern. Mit deren Methoden können spezifische Anknüpfungspunkte bezüglich der besonderen Situation hochaltriger Männer im Stationsalltag gefunden und darauf in entsprechender Weise reagiert werden. Gerade für die oben erwähnten *Altsenioren* ist es wichtig Unterstützung bei der Umsetzung ihrer Anliegen zu bekommen. Neben der Funktion der Sozialen Arbeit, als „Stimme“ der Senioren zu fungieren, gibt es einige weitere Aufgabenfelder in der stationären Altenhilfe, worauf im Folgenden eingegangen wird. (vgl. Bönisch, Lothar 2008, 274ff.)

7.1 Gerontologie

Die Gerontologie ist ein interdisziplinäres Wissenschaftsfeld (s. auch Anhang 2) zum Thema Alter und Altern. „An der Erforschung von Altersvorgängen und Alterssituationen beteiligen sich zahlreiche wissenschaftliche Disziplinen sowohl naturwissenschaftlicher als auch human- und sozialwissenschaftlicher Prägung" (Schmidt, Roland 2002, 392). Nur sind in der tatsächlichen Erforschung eher selten fachübergreifende Studien zu finden. Zu den bekanntesten empirischen Studien zum Thema Alter(n), welche Ergebnis einer erfolgreichen Zusammenarbeit verschiedener Disziplinen und Wissenschaftsfelder sind, gehören vor allem „Die Berliner Altersstudie" (BASE, 1996) veröffentlicht von Karl Ulrich Mayer und Paul B. Baltes und das Projekt „Identifizierung bzw. Entwicklung von Instrumenten zur Erfassung von Lebensqualität gerontopsychiatrisch erkrankter Menschen in stationären Einrichtungen der Altenhilfe". (vgl. ebd. 2002, 391f.)

Letzteres ist hauptsächlich bekannt unter der Kurzbezeichnung HILDE (Heidelberger Instrument zur Lebensqualität) und war ein Gemeinschaftsprojekt des Institutes für Gerontologie der Heidelberger Universität und der gerontopsychiatrischen Abteilung der Psychiatrischen Universitätsklinik, unter der Begleitung durch einen Projektbeirat, welcher sich aus Mitgliedern verschiedener Bereiche, Institutionen und Organisationen mit sozialem oder medizinischem Bezug zusammensetzte. (vgl. Becker, Stefanie/ Kaspar, Roman/ Kruse, Andreas 2006)

In der zeitgenössischen Untersuchung von Altersfragen wird *Altsein* häufig in Bezug zur Abfolge der Generationen gesetzt, also durch eine Perspektive auf den Lebenslauf von Individuen erforscht. So bspw. geschehen im ersten Durchlauf des Alterssurveys im Jahr 1996: nach einer zweijährigen Vorbereitung wurden dabei rund 4800 Menschen mit einem Alter von 40 bis 85 Jahren befragt. Daneben gibt es Untersuchungen bei denen „Alterssituationen nicht mehr vorwiegend auf der horizontalen Ebene ausdifferenziert, sondern ebenso auf der vertikalen spezifiziert (z.B. die Untersuchung der besonderen Qualität des hohen Lebensalters)“ (Schmidt, Roland 2002, 392) werden.

Die Orientierung am demografischen Wandel ist eine weitere Möglichkeit zur Betrachtung der Situation alter Menschen, sprengt dabei die Grenzen der Gerontologie, ist jedoch gleichzeitig eine Bereicherung dieser. (vgl. ebd. 2002, 392)

Interventionsgerontologie

Diese Art der Gerontologie ist eine praxisorientierte Möglichkeit gerontologische Forschungserkenntnisse in der stationären Altenhilfe umzusetzen, unter anderem zur Vermeidung von negativen Folgen einer rein institutionellen Betreuung von hochaltrigen Männern ohne Berücksichtigung ihrer speziellen Sozialisation. Zu den ungünstigen Folgen können eine antrainierte Abhängigkeit von professioneller Hilfe, der Verlust der Realitätsbezogenheit oder auch eine unnatürliche Passivität seitens der Bewohner zählen. (vgl. Witterstätter, Kurt 2003, 170)

Zur Vermeidung ebensolcher arbeitserschwerenden Zustände können Alteneinrichtungen unterschiedliche Maßnahmen ergreifen. Setzen sie dabei die Lehren der besagten Interventionsgerontologie ein, ergeben sich nachstehende Handlungsansätze: 1.) Das *Normalisierungsprinzip*, welches eine Verbesserung der gesellschaftlichen Integration von Altenpflegeinrichtungen, z.B. durch dezentrale Wohneinheiten mit max. 50 Bewohnern, anstrebt. 2.) Mit einem Training zur *Überwindung erlernter Hilflosigkeit*, bspw. durch Beteiligung der alten Männer an Entscheidungsprozessen und an Aufgaben zur Durchführung des Heimbetriebes, z.B. durch ein Amt im Heimbeirat. 3.) Ein ständig durchzuführendes *Realitätstraining*, wobei die alten Männer der jeweiligen Anlage stets über Jahres- und Tageszeiten, als auch deren Umgebung und bevorstehende Begebenheiten, mittels persönlicher Gespräche und technischer Hilfsmittel, informiert werden. Außer den aufgezählten Techniken gibt es viele weitere Verfahren zur Optimierung des Heimbetriebes, wozu *Gruppentherapeutische Ansätze*, die *Selbstbildtherapie* und das *Management von Problemsituationen* bei den alten Männern zählen können. (vgl. ebd. 2003, 170ff.)

7.2 Gerontosozialarbeit – Soziale Arbeit in der stationären Altenhilfe

Der Bereich *Soziale Arbeit mit alten Menschen* wird in aktuellen Fachpublikationen und Fachdiskussionen unter den Synonymen „Gerontosozialarbeit" und „Altensozialarbeit" aufgeführt. Hinsichtlich der Zielgruppe kann das Fachgebiet in sozialpädagogische und sozialarbeiterische Handlungsfelder aufgeteilt werden. Da im erstgenannten Arbeitsfeld die Phase der *Entberuflichung* im Focus der Interventionen steht, wird sich im Folgenden auf sozialarbeiterische Interventionen konzentriert, welche auf hochbetagte Männer mit bestehender Multimorbidität und einem, oft daraus resultierenden, Hilfe- und Pflegebedarf abzielen. (vgl. Altenheimsozialarbeit 2009)

Altenhilfe allgemein ist ein Feld vielfältiger Angebote, welche in vielen Bereichen ihre Dienste anbietet. Da sind zum einen die offenen, teilstationären und stationären Einrichtungen, zum anderen aber auch Selbsthilfe(-gruppen) sowie die Hilfen durch Nachbarn und Familie. Gegenwärtig und perspektivisch ist es für diese vielzähligen Typen der Hilfe notwendig sich aufeinander abzustimmen und gemeinsame Angebote zu unterbreiten. Damit dieser nahezu unüberschaubare Marktplatz vom interessierten oder betroffenen hochaltrigen Mann wahrgenommen werden kann,

kann dieser Soziale Arbeit als fachkundigen Berater heranziehen. Erfahrungen in diesem Bereich der Sozialarbeit bestätigten dabei folgende Klienten: chronisch Erkrankte, Betroffene der Altersarmut, Psychiatriepatienten und isoliert lebende hochaltrige Männer aber natürlich auch Frauen. (vgl. Witterstätter, Kurt 2003, 207)

Unter der Bezeichnung *Soziale Altenarbeit* werden alle Zweige der Sozialarbeit zusammengefasst, welche sich mit dem physischen, psychischen und spirituellen Wohl von älteren Menschen (z.B. von hochaltrigen unterstützungsbedürftigen Männern) beschäftigen. Des Weiteren ist sie Oberbegriff für sozialarbeiterische Dienste in Wohlfahrtsverbänden, Ehrenamt und Empowerment u.a. zu Gunsten hochbetagter beeinträchtigter Männer. (vgl. Altenheimsozialarbeit)

Soziale Altenarbeit findet sich neben der offenen Altenhilfe (v.a. Leitungspositionen) im Krankenhaussozialdienst und anderen altersunabhängigen Arbeitsfeldern (z.B. in Sozialämtern oder dem ASD) auch in den verschieden Formen von Altenheimen, also der stationären Altenhilfe. (vgl. Witterstätter, Kurt 2003, 207)

7.3 Arbeitsfelder und –methoden der Sozialen Altenarbeit für alte Männer

Im Setting stationärer Altenhilfe kann es, durch die Beachtung von Vorgaben des Qualitätsmanagements und der Grundsätze zur Wirtschaftlichkeit, zu einer Beschneidung der Selbstbestimmung, der Individualität und der Souveränität gerade auf Seiten der männlichen Heimbewohner kommen. Schon beim Heimeinzug verlieren die Betroffenen viele ihrer ehemaligen Bezugspunkte, wie ihre gewohnte Umgebung, Bekannte und Freunde, ihre Domizile und Nachbarn, sowie altbekannte Rollen (z.B. Haushaltsvorstand, Kirchenmitglied oder Wohneinheitsmieter). Bereits an dieser Stelle soll die Heimsozialarbeit anknüpfen und dabei den Männern als Nutzer solcher Einrichtungen bei den zu bestehenden Veränderungsprozessen behilflich sein. Unter Anerkennung intraindividueller Kontexte gilt es: bestehende soziale Bindungen aufrecht zu erhalten und neue Kontakte aufzubauen; die Bewohner ausgewogen zu fördern (Betreuung) aber auch zu fordern (Kompetenzerhaltung); feindosierte Ungleichmäßigkeiten mittels multipler Anregungen im Alltag zu schaffen (Vermeidung von Lethargie) und somit eine kreative Anpassung der hochaltrigen Männer an die ungewohnte Umgebung zu unterstützen. (vgl. Witterstätter, Kurt 2003, 211f.)

Die Gerontosozialarbeit im Heim kann Vermittler zwischen Bewohnern, den Anliegern der Nachbarschaft und der Institution als solches sein, und somit dem reibungslosen Ablauf des Tagesgeschäftes im Pflegeheim dienlich sein. Durch ihre Arbeit wird eine Erhöhung der Toleranz und Interaktionsfähigkeit zwischen dem Pflegepersonal und insbesondere den betreuten hochaltrigen Männern angestrebt. Auch in diesem Arbeitsfeld ist die Sozialarbeit nicht von ihrer oft erwähnten *Janusköpfigkeit* verschont, denn zum Einen vertritt sie die Interessen der Bewohner und zum Anderen die der Einrichtungsangestellten. Als weitere Konfliktursache für Loyalitätsverstrickungen können an diesem Ort zusätzlich die Interessen der Ehrenamtlichen angesehen werden, welche Dank interdisziplinärem und methodischem Wissen professionell überbrückt werden können. (vgl. Witterstätter, Kurt 2003, 212)

Die Tätigkeiten von Fachkräften der Sozialen Arbeit lassen sich in indirekte und direkte Formen unterscheiden. Die direkte Arbeit der Heimsozialarbeit gilt der fachgerechten Betreuung (z.B. Intervention, Beratung, Integration) der u.a. männlichen Bewohner mit ihren geschlechtsspezifischen Bedürfnissen, die indirekte dem organisatorischen Rahmenbedingungen (z.B. Öffentlichkeitsarbeit, Vernetzung mit externen Diensten, interne Angebote) des Heimbetriebes. (vgl. ebd. 2003, 212)

Weitere Arbeitsfelder der Altensozialarbeit in stationären Altenhilfeeinrichtungen können sein: begleiten und gewinnen von ehrenamtlichen Helfern; Angehörigenarbeit; Qualitätssicherung; Weiterbildungen für Heimmitarbeiter organisieren und durchführen; Konfliktmanagement; professionelle Beratungen; Förderung und Integration von multimorbiden Hochaltrigen in die Hausgemeinschaft und die Begleitung bei den Heimaufnahmen, Integrationsprozessen, subjektiven und institutionellen Krisen, Aufgaben des Heimbeirats, Praktikanten und hausinternen Leitbildentwicklungen. Diese Punkte kommen auch den hochaltrigen Männern zu Gute, da beispielsweise offen ausgesprochene Probleme und gelöste Konflikte zu einem besseren allgemeinen Klima in der Einrichtung beitragen. Durch eine Weiterbildung, bspw. mit gerontologischem und/oder betriebswirtschaftlichem Hintergrund, kann u.a. die Funktion einer Heimleitung übernommen werden. Ohne die Zuständigkeiten der anderen Berufsgruppen in der Altenpflege zu beschneiden kann die Altensozialarbeit mit ihren Qualifikationen und wissenschaftlich fundierten Fachkenntnissen zur Erweiterung des Betreuungsspektrums beitragen v.a. in Bezug auf hochaltrige Männer. (vgl. Altenheimsozialarbeit 2009)

Zur Ausweitung der Angebotspalette in den professionellen Pflegeunternehmen kann die Soziale Altenarbeit u.a. nachstehende Handlungsmethoden einbringen:

Klientenzentrierte Gesprächsführung

Die klientenzentrierte Gesprächsführung gehört zu den sozialarbeiterischen Methoden, welche auf einer Entwicklung in der Psychotherapie basiert. Dort wurde das klientenbezogene Beratungsmodell, in den 1940er-Jahren, von Carl R. Rogers konzipiert und danach beständig weiterentwickelt. Das Modell von Rogers kann in der Psychologie als auch Psychiatrie, in der Wohlfahrt als auch speziell in der Sozialen Arbeit angewendet werden. Bei der Transformation des Entwurfs in eine Methode der Sozialarbeit waren konzeptionelle Ähnlichkeiten zur Sozialen Einzelfallhilfe durchaus förderlich. (vgl. Galuske, Michael 2002, 175)

Eine Vielzahl sozialer Unstimmigkeiten beruhen auf Kommunikations- und Interaktionsproblemen, welche durch den professionellen Gebrauch von Rogers Prinzipien ausgeglichen werden können. Die Grundlagen zur Gesprächsführung sind inzwischen ein wesentliches Werkzeug im „Methodenkoffer" der Sozialen Arbeit geworden. Auf dem Fundament von Kommunikations- und Systemtheorie kann die Soziale Arbeit viele unterschiedliche Arbeitsweisen und Verfahren weiterer Disziplinen für sich zusammenstellen, neben vielen anderen sind es Anleihen aus der Pädagogik, der Organisationsentwicklung, der Supervision und dem Konfliktmanagement. (vgl. Keil, Sylvia 2002, 402f.)

Rahmenbedingungen der Sozialpolitik, der Jurisprudenz, der Bürokratie und der jeweiligen Anstalt, inklusive einem konkreten (meist mehrdimensionalen) Aufgabenkatalog und einer Lebensweltorientierung bei klientenbezogenen Angeboten, sowie letztendlich eine umfassenden Anamnese der Problemsituation der betroffenen Männer, vor dem Background von Human- und Sozialwissenschaft, sind die Quellen einer erfolgreichen klientenorientierten Gesprächsführung. (vgl. ebd. 2002, 403)

Nach dem Beratungsansatz von Rogers ist es von enormer Bedeutung, dass das Verhalten des Gesprächsführenden im Dialog mit seinen Klienten durch die drei folgenden Ideologien geprägt ist: 1.) Die *Positive Wertschätzung* des Klienten, durch bedingungslose Akzeptanz von dessen Persönlichkeit, welche es dem Gegenüber ermöglichen soll, durch eine daraus resultierende Intimität, sich den Beratern vollkommen zu öffnen, 2.) Eine *Echtheit* des Professionellen, innerhalb der Beziehung von Beratern und Klienten, d.h. eine absolute („unmaskierte“) Offenheit hinsichtlich der eigenen Eigenart ermöglicht dem Gesprächssuchenden sich selbst und seine Belange offen darzulegen, 3.) Das *Einfühlende Verstehen* durch den Sachverständigen, was empathische Kompetenzen und das Erkennen von verbalen (Akustik) und nonverbalen (Gestik, Mimik) Signalen bedingt. Durch eine Spiegelung des Verhaltens seiner Gesprächspartner kann der Profi aufgenommene Informationen im Gespräch reflektieren und somit bei der Selbsterkenntnis des Gegenübers dienlich sein. Solch eine idealisierte Verhaltensweise auf der Seite des Fachpersonals ist selbst bei Rogers persönlich nicht unumstritten, da er es weniger als erlernbare Fähigkeit denn als persönliches Talent ansieht. (vgl. Galuske, Michael 2002, 179f.)

Dennoch kann dieses Ideal einer Gesprächssituation als Leitfaden einer so gearteten sozialarbeiterischen Intervention dienen. Generell können Entwicklung und Resultate ebendieser Gespräche durch die Persönlichkeit der Gerontosozialarbeiter positiv als auch negativ beeinflusst werden. Als förderliche Charaktereigenschaften haben sich hierbei v.a. „die Fähigkeit zur Authentizität und zur Wertschätzung“ (Keil, Sylvia 2002, 403) herauskristallisiert. Weitere Herausforderungen bei einer methodischen Gesprächsführung können die Fachkräfte der Sozialen Arbeit aus ihrem komplexen interdisziplinären Fachwissen bedienen, wozu hierbei u.a. das Interviewen (z.B. in Erstgesprächen bei der Heimaufnahme von invaliden Männern), die Mediation (z.B. bei Konfliktlösungen zwischen Heimangestellten und Bewohnern), die Moderation (z.B. bei Gruppengesprächen zwischen Heimmitarbeitern) und das Informieren (z.B. bei sozialrechtlicher Beratung im Altenpflegeheim) gehören können. (vgl. ebd. 2002, 403)

Case Management

Case Management wird im fachbezogenen Kontext ebenfalls als *Casework* und *Unterstützungsmanagement* bezeichnet und ist eine, Mitte der 1970er-Jahre, in den USA entwickelte Methode der Sozialen Arbeit. Ziele des Handlungsansatzes sind es: die Klienten (z.B. unterstützungsbedürftige oder invalide hochaltrige Männer) zu befähigen ihnen zustehende soziale Dienstleistungen wahrzunehmen; die Ressourcen des Sozialen, der Profession und des Einzelnen untereinander zu vernetzen und somit den Prozess der Hilfe effizienter zu gestalten. (vgl. Neuffer, Manfred 2002, 185)

Die Sozialarbeiter gehen beim Konzept des Unterstützungsmanagement eine unmittelbare Verantwortung gegenüber den hochaltrigen männlichen Klienten ein, welche durchaus langfristig übernommen werden muss. Dabei nehmen sie unterschiedliche Ämter wahr, da sind einerseits die von Koordinatoren, andererseits die von Rechtsanwälten als auch die der Berater. (vgl. ebd. 2002, 185)

Auf der Grundlage verschiedener Sachtexte lassen sich folgende vier Aufgabenbereiche des Case Managements abgrenzen: 1.) *assessment*, d.h. Festlegung der Aufgabenstellung als Resultat einer genauen Situationsanalyse des jeweiligen Mannes, 2.) *service planning*, z.B. bei der Alten-Hilfeplanung, 3.) *brokering services*, d.h. Kontrolle und Vermittlung von männerbezogenen Hilfeleistungen und 4.) *community intervention*, d.h. gemeinwesenorientierte Handlungsansätze und Leistungskoordination, bei Bedarf bzw. nach bestehenden Möglichkeiten seitens der hochaltrigen Männer und der jeweiligen Einrichtungen. Dabei streift Casework den Arbeitsbereich des Sozialmanagements, grenzt sich jedoch durch eine klientenzentrierte Vorgehensweise gleichzeitig davon ab. Schließlich geht es hierbei um faktische und wirkungsvolle Unterstützungsleistungen zum Wohle der Männer und nicht vorrangig um effiziente und effektive Betriebsabläufe in der stationären Altenhilfe. (vgl. ebd. 2002, 185 ; Galuske, Michael 2002, 196f.)

Casework gilt als lösungsorientierter Ansatz der Sozialarbeit zur praxisbezogenen Unterstützung alltäglicher Lebensbewältigung seiner hilfebedürftigen männlichen

Klienten, mittels Zuhilfenahme von Anregungen aus der Betriebswirtschaftslehre (speziell des Managements) und der Systemtheorie. Da bei dieser Methode auch Teile von sozialer Netzwerkarbeit und Gemeinwesenarbeit, wie auch sozialrechtlicher Beratung, zum Einsatz kommen wird das Unterstützungsmanagement zu den integrativen Konzepten der Sozialen Arbeit gezählt. Bewährt hat sich die Methode bspw. im Wirkungskreis des ASD, im Rahmen der Psychiatrie und auf den Tätigkeitsfeldern der Altenhilfe sowie im Kontext der Pflegeorganisation. Case Management ist bemüht die Konsequenzen der Spezialisierungsbestrebungen im Sozial- und Gesundheitswesen v.a. für die beeinträchtigten hochaltrigen Männer herunter zu regulieren. (vgl. Neuffer, Manfred 2002, 185)

Biografiearbeit

Durch biografische Angaben des jeweiligen hochbetagten Mannes, in entsprechenden Dialogen, lassen sich spezifisch abgestimmte Konzepte zu dessen Betreuung finden und umsetzen. Dabei sind die Aufgabenstellungen der Biografiearbeit nicht auf perspektivische Entwicklungen begrenzt, sondern helfen ebenso retrospektiv bei der Lebensbilanzierung und bei präsent zu bewältigenden Lebensaufgaben. (vgl. Altenheimsozialarbeit)

In der Altenheimsozialarbeit kann die Berücksichtigung biografischer Bedeutsamkeiten (z.B. der heute hochaltrigen und während des Zweiten Weltkrieges beeinflussten jugendlichen Generation) von Vorteil sein, so kann sie bspw. den Umgang mit den hochaltrigen Männern während des Einzuges in die Institution, in persönlichen Lebenskrisen und bei demenziellen Beeinträchtigungen dienlich sein.

Informationen aus der Lebensgeschichte (z.B. Kriegserlebnisse, Werdegang, Krankengeschichte) des Betroffenen können von ihm selbst stammen, aber auch von seiner Verwandtschaft, den ehemaligen Nachbarn, seinen Bekanntschaften und seinen Freundschaften. Bedeutsame Angaben für den Heimalltag können dabei sein: das ehemalige Familien- und Berufsleben; eine bestehende Religionszugehörigkeit; Hobbys; gewohnte Lebensweise; Bewältigungskompetenzen bei Herausforderungen des Lebens und traumatische bzw. beachtliche Lebensereignisse. Ziele der Biografiearbeit bestehen darin mit anderen Personen zu interagieren, Zeitzeugnisse abzulegen, existente Konfliktsituationen durch persönliche Lebenserfahrungen zu bewältigen und durch eine Aufarbeitung des eigenen Lebensverlaufs eine gewisse psychische Stabilität der oft labilen Männer zu gewinnen. Anknüpfungspunkte einer fundierten Biografiearbeit sind unter anderem Fotos, alte Geldstücke, alte Werbekampagnen sowie historische Lieder und Gedichte. (vgl. Witterstätter, Kurt 2003, 125f.)

7.4 Professionalisierungsimpulse in der stationären Altenhilfe durch die Sozialarbeit

Im Zusammenhang des Pflege – Settings lassen sich aus den Interventionsmöglichkeiten durchaus Professionalisierungsimpulse für und durch die Soziale Arbeit ableiten. Aufgrund der oft bezeichneten *Allzuständigkeit* der Sozialarbeit ergibt sich, durch fachübergreifendes Basiswissen (z.B. aus Psychologie und Medizin), eine mehrdimensionale Einsetzbarkeit. Über die Bildung von interdisziplinären Allianzen und Vernetzung von Spezialwissen unter der Moderation der Sozialen Arbeit können neue Wege beschritten werden, eben auch auf dem Gebiet der professionellen Pflege und Begleitung alter Menschen.

Durch ihre interdisziplinäre Sicht- und Arbeitsweise, ihre klassischen und modernen Handlungsmethoden, sowie der Forschungen auf dem Gebiet Alter und Altern, kann die Soziale Arbeit dazu beitragen, dass sowohl die Vorgaben der Professionellen Pflege als auch die Interessen und Bedürfnisse insbesondere der hochaltrigen hilfe- und pflegebedürftigen Männer gewahrt werden können. Beispielweise können Gerontosozialarbeiter ihre fachlichen Kompetenzen in den Bereichen von Koordination, Mediation und Moderation in das System der stationären Altenhilfe einbringen. Dabei wird sich ihre begleitende Betreuung, neben anderen Prozessen, auf die Interaktionen bzw. Kooperationen zwischen den einzelnen Mitglieder/-gruppen beziehen: die Heimleiter, das Pflegepersonal (z.B. Altenpfleger/-helfer und Krankenpfleger), das Verwaltungspersonal (z.B. Buchhalter und Sachbearbeiter), die externen Freelancer (z.B. Seelsorger, Mediziner und Ehrenamtliche), die Heimnutzer (z.B. Heimbeirat oder unterstützungsbedürftige hochaltrige Männer, aber auch Mitarbeiter anderer Therapieformen und der Haustechnik. (vgl. Witterstätter, Kurt 2003, 159ff. ; Galuske, Michael 2002, 21f.)

Der Respekt vor dem v.a. männlichen Verlangen nach Selbstverantwortlichkeit kann, nach einer sozialarbeiterischen Verfeinerung bereits bestehender Richtlinien (z.B. aus der Hospizarbeit) und der Berücksichtigung der individuellen Möglichkeiten der hochaltrigen Männer, in der praktischen Anwendung bei der institutionellen Altenpflege umgesetzt werden. Die klientenbezogene Umsetzung, in Pflege und Stationsalltag, erfolgt dabei mittels einer Orientierung an den nachfolgenden Aspekten:
Selbstverantwortung durch 1.) eine weitgehende *Selbständigkeit*, 2.) eine gewisse *Autonomie in der Tagesgestaltung*, 3.) die *bewusste Konfrontation mit der persönlichen Endlichkeit des Daseins*, 4.) eine *berechtigte Selbstbestimmung bei der Beziehungsgestaltung* und 5.) das Zugeständnis von *Kompetenzen an die Klienten, sowohl den Krankheitsverlauf als auch die angedachten Interventionsmaßnahmen und deren Ziele nachvollziehen zu können.* (vgl. Kruse, Andreas 2007, 202ff.)

8. Schlussbetrachtung und Ausblick

Nach einem Kapitel zur Einführung in die Arbeit konnten wir im zweiten Kapitel, durch die Ausdifferenzierung von Alter(n) und der *Hochaltrigkeit*, den Kontext der Bachelorarbeit eingrenzen. Hilfe- und Pflegebedarf sind essentielle Themen hochaltriger Menschen und speziell der Männer, wenn den aktuellen Forschungsergebnissen Glauben geschenkt werden kann, und verdienen daher eine besondere Berücksichtigung im thematischen Rahmen dieser Arbeit.

Während der darauf aufbauenden Beschäftigung mit dem Thema Männlichkeit wurde die Sozialisation, unter der eingehenden Betrachtung von vergleichbaren Lebensläufen, aktuell hochaltriger Männer betrachtet. (Anmerkung des Verfassers: Die u.a. dabei festgestellte Abhängigkeit einiger hochbetagter Männer, von einer stützenden Partnerschaft, kann ich durch die Durchführung eines Erzählcafés, im betreuten Wohnen der Volkssolidarität in Bischofswerda, nur bestätigen. Die teilnehmenden Männer beklagten dabei den Verlust ihrer Ehefrau und drückten ihre subjektiv empfundene Einsamkeit aus, ungeachtet der anderen Mitbewohner.) Das vierte Kapitel sorgte folglich für einen geschlechtsspezifischen Rahmen der Abschlussarbeit.

Bei der Beleuchtung des Konzeptes der Lebensqualität, im fünften Kapitel, konnten diverse Sichtweisen und Nuancen des Verständnisses von Lebensqualität herausgearbeitet werden. Dieses und das folgende sechste Kapitel, über den Rahmen stationärer Altenhilfe mit ihren Formen und einem Hinweis auf die Diskussion zur totalen Institution, konnte die Wichtigkeit fachlicher sozialer Interventionen untermauern.

In Kapitel 7 konnten, neben den in der Altenhilfe anwendbaren Methoden und sozialen Arbeitsfeldern, einige Professionalisierungsimpulse angedeutet werden. U.a. lässt sich erkennen das die Interventionen der Altenheimsozialarbeit das System der Institution als Ganzes einbeziehen sollten. Die Maßnahmen der Sozialarbeit sind darauf aufbauend: bewohnerbezogen, mitarbeiterbezogen, ehrenamtsbezogen und organisationsbezogen.

Zur Beantwortung der Eingangs gestellten Frage: „Wie kann die Lebensqualität von hochaltrigen hilfe- und pflegebedürftigen Männern in der stationären Altenhilfe durch die Soziale Arbeit, als begleitende Profession zur Pflege, unterstützt werden?" kann folgendes zusammengetragen werden:

Durch umfassende wissenschaftliche Forschungen auf dem geschlechtsspezifischen Gebiet können Grundlagen für fachgerechte Interventionen bzw. Handlungskonzepte gesetzt werden. Die Soziale Arbeit kann in der stationären Altenpflege, trotz geringerem Personalbedarf, mehr hilfe- und pflegebedürftige Männer erreichen, als dass es professionelle Pflegefachkräfte mit ihrer spezialisierten Ausbildung und der streng limitierten Einsatzzeit pro Mann, je schaffen könnten. In Anbetracht der lange zurückreichenden Entstehungsgeschichte der sozialen Arbeit und ihrer diversen Ausrichtungen kann auf langfristige und wissenschaftlich fundierte Erfahrungen zurückgegriffen werden. Diese Professionalisierung kommt nun v.a. den unterstützungsbedürftigen hochaltrigen Männern in der stationären Altenhilfe zu Gute. Genügen das soziale Fachwissen (z.B. aus der Gerontologie), die sozialen Handlungsmethoden und das interdisziplinäre Wissen einmal nicht aus, um die hochaltrigen Männer mit Hilfe- und Pflegebedarf fachlich fundiert zu unterstützen, kann die Profession Soziale

Arbeit auf Netzwerkarbeit im Gemeinwesen zurückgreifen oder Kooperationen mit anderen Professionen (z.B. aus Medizin oder Psychologie) eingehen und eine gewinnbringende Zusammenarbeit moderieren.

Die Rechercheergebnisse dieser theoretischen Ausarbeitung können als Ausgangspunkt weiterer Forschungen und zur Entwicklung praktischer Handlungskonzepte dienen. So wäre es denkbar die aufgezeigten Anstöße in der Gerontosozialarbeit bspw. bei einer spezialisierten Arbeit mit (beeinträchtigten) hochaltrigen Männern zu nutzen. Weiterführend ließen sich Erkenntnisse aus der Sozialforschung auf dem Gebiet männlicher Eigenheiten und Sozialisation, u.a. von Hartmut Radebold, Lothar Bönisch, Andreas Kruse und Walter Hollstein, bei der Entwicklung eines Altenpflegeheimes speziell für Männer umsetzen.

Anhang

Anhang 1: Auszug aus dem Pflegeversicherungsgesetz (PflegeVG) vom 01.01.1995

§ 14 SGB XI Begriff der Pflegebedürftigkeit

(1) Pflegebedürftig im Sinne dieses Buches sind Personen, die wegen einer körperlichen, geistigen oder seelischen Krankheit oder Behinderung für die gewöhnlichen und regelmäßig wiederkehrenden Verrichtungen im Ablauf des täglichen Lebens auf Dauer, voraussichtlich für mindestens sechs Monate, in erheblichem oder höherem Maße (§ 15) der Hilfe bedürfen.

(2) Krankheiten oder Behinderungen im Sinne des Absatzes 1 sind:
1. Verluste, Lähmungen oder andere Funktionsstörungen am Stütz- und Bewegungsapparat,
2. Funktionsstörungen der inneren Organe oder der Sinnesorgane,
3. Störungen des Zentralnervensystems wie Antriebs-, Gedächtnis- oder Orientierungsstörungen sowie endogene Psychosen, Neurosen oder geistige Behinderungen.

(3) Die Hilfe im Sinne des Absatzes 1 besteht in der Unterstützung, in der teilweisen oder vollständigen Übernahme der Verrichtungen im Ablauf des täglichen Lebens oder in Beaufsichtigung oder Anleitung mit dem Ziel der eigenständigen Übernahme dieser Verrichtungen.
(4) Gewöhnliche und regelmäßig wiederkehrende Verrichtungen im Sinne des Absatzes 1 sind:
1. im Bereich der Körperpflege das Waschen, Duschen, Baden, die Zahnpflege, das Kämmen, Rasieren, die Darm- oder Blasenentleerung,
2. im Bereich der Ernährung das mundgerechte Zubereiten oder die Aufnahme der Nahrung,
3. im Bereich der Mobilität das selbständige Aufstehen und Zu-Bett-Gehen, An- und Auskleiden, Gehen, Stehen, Treppensteigen oder das Verlassen und Wiederaufsuchen der Wohnung,
4. im Bereich der hauswirtschaftlichen Versorgung das Einkaufen, Kochen, Reinigen der Wohnung, Spülen, Wechseln und Waschen der Wäsche und Kleidung oder das Beheizen.

(Quelle: http://www.sozialgesetzbuch-sgb.de/sgbxi/14.html , verfügbar am 21.12.2010)

§ 15 SGB XI Stufen der Pflegebedürftigkeit

(1) Für die Gewährung von Leistungen nach diesem Gesetz sind pflegebedürftige Personen (§ 14) einer der folgenden drei Pflegestufen zuzuordnen:

1. Pflegebedürftige der Pflegestufe I (erheblich Pflegebedürftige) sind Personen, die bei der Körperpflege, der Ernährung oder der Mobilität für wenigstens zwei Verrichtungen aus einem oder mehreren Bereichen mindestens einmal täglich der Hilfe bedürfen und zusätzlich mehrfach in der Woche Hilfen bei der hauswirtschaftlichen Versorgung benötigen.

2. Pflegebedürftige der Pflegestufe II (Schwerpflegebedürftige) sind Personen, die bei der Körperpflege, der Ernährung oder der Mobilität mindestens dreimal täglich zu verschiedenen Tageszeiten der Hilfe bedürfen und zusätzlich mehrfach in der Woche Hilfen bei der hauswirtschaftlichen Versorgung benötigen.

3. Pflegebedürftige der Pflegestufe III (Schwerstpflegebedürftige) sind Personen, die bei der Körperpflege, der Ernährung oder der Mobilität täglich rund um die Uhr, auch nachts, der Hilfe bedürfen und zusätzlich mehrfach in der Woche Hilfen bei der hauswirtschaftlichen Versorgung benötigen.
Für die Gewährung von Leistungen nach § 43a reicht die Feststellung, daß die Voraussetzungen der Pflegestufe I erfüllt sind.

(2) Bei Kindern ist für die Zuordnung der zusätzliche Hilfebedarf gegenüber einem gesunden gleichaltrigen Kind maßgebend.

(3) Der Zeitaufwand, den ein Familienangehöriger oder eine andere nicht als Pflegekraft ausgebildete Pflegeperson für die erforderlichen Leistungen der Grundpflege und hauswirtschaftlichen Versorgung benötigt, muß wöchentlich im Tagesdurchschnitt

1. in der Pflegestufe I mindestens 90 Minuten betragen; hierbei müssen auf die Grundpflege mehr als 45 Minuten entfallen,
2. in der Pflegestufe II mindestens drei Stunden betragen; hierbei müssen auf die Grundpflege mindestens zwei Stunden entfallen,
3. in der Pflegestufe III mindestens fünf Stunden betragen; hierbei müssen auf die Grundpflege mindestens vier Stunden entfallen.

Bei der Feststellung des Zeitaufwandes ist ein Zeitaufwand für erforderliche verrichtungsbezogene krankheitsspezifische Pflegemaßnahmen zu berücksichtigen; dies gilt auch dann, wenn der Hilfebedarf zu Leistungen nach dem Fünften Buch führt. Verrichtungsbezogene krankheitsspezifische Pflegemaßnahmen sind Maßnahmen der Behandlungspflege, bei denen der behandlungspflegerische Hilfebedarf untrennbarer Bestandteil einer Verrichtung nach § 14 Abs. 4 ist oder mit einer solchen Verrichtung notwendig in einem unmittelbaren zeitlichen und sachlichen Zusammenhang steht.

(Quelle: http://www.sozialgesetzbuch-sgb.de/sgbxi/15.html , verfügbar am 21.12.2010)

Anhang 2: Wesentliche Zusammenhänge zur Systematik der Gerontologie:

Grundlegender Ansatz	Disziplinäre Bezeichnung (Anglo-amerikanische Bezeichnung)	Beispielhafte Forschungsfragestellungen	Beispielhafte Anwendungsrelevanz
Biologischer Ansatz	Biologische Alternsforschung („Biology of Aging")	Altern von Zellen, von Organsystemen	Eingriffe in die Dauer der Lebensspanne
Medizinischer Ansatz I	Geriatrie oder Altersmedizin („Geriatrics")	Epidemiologie und Verlauf von soma-tischen Alterser-krankungen, Entwicklung von Therapie- und Rehabilitationsansätzen	Wiedererlangung eines Höchstmaßes an Selbstständigkeit, Vermeidung von Pflegebedürftigkeit
Medizinischer Ansatz II	Gerontopsychiatrie oder Alterspsychiatrie („Geropsychiatry")	Epidemiologie und Verlauf von psy-chischen Alterser-krankungen, Entwick-lung von Therapie- und Rehabilitationsansätzen	Wiedererlnagung eines Höchstmaßes an psychischer Gesundheit, Vermeidung von Pflegebedürftigkeit
Verhaltens-wissenschaft-licher Ansatz	Psychologische Gerontologie oder Gerontopsychologie („Psychology of Aging")	Entwicklung der geistigen Leistungsfähigkeit und Persönlichkeit im Alter	Training geistiger Leistungsfähigkeit, Psychotherapie und Beratung
Sozialwissen-schaftlicher Ansatz	Alterssoziologie oder Soziale Gerontologie („Social Gerontology"/„Aging and Social Sciences")	Bedeutung sozioökonomischer Aspekte für Altern, Fragen der Altenpolitik	Erkennen sozial-struktureller Risiken des Alterns, Förderung der gesellschaftlichen Partizipation Älterer
Bevölkerungs-wissenschaft-licher Ansatz	Demografie des Alters („Demographics of Aging")	Untersuchung der mit Altern zusammenhängenden Dynamiken und Trends in der Bevölkerungszusammensetzung	Beschreibung von „Absterbeordnungen" und von Lebenserwartungen
Pflegewissen-schaftlicher Ansatz	Gerontologische Pflegewissenschaft („Nursing Science")	Untersuchung von Pflegeprozessen, Auswirkungen unterschiedlicher Pflegemodelle	Nutzung der Potentiale guter Pflege, Verbesserung der Situation von Pflegenden
Erziehungs-Wissenschaft-licher Ansatz	Geragogik oder Altenbildung („Educational Gerontology")	Untersuchung der Möglichkeiten und Barrieren von Bildungsprozessen im höheren Lebensalter	Verbesserung des Zugangs von Älteren zu Bildungsangeboten
Kulturwissen-schaftlicher/ anthropologi-scher Ansatz	Gerontologische Anthropologie („Humanities"/ „Anthropology of Aging")	Untersuchung kultureller und geschichtlicher Spezifika des Alterns, Bedeutung sozialer Repräsentationen von Alter	Infragestellung von vorschnellen Universalitätsannahmen zu Altern, Bedeutung grundlegender Altersbilder

Die in der Tabelle enthaltene Übersicht erhebt keinen Anspruch auf Vollständigkeit; sie will lediglich auf die heute wesentlichsten und aktivsten Forschungsergebnisse der Gerontologie aufmerksam machen. (vgl. Wahl 2004, 39f.)

Quellenverzeichnis

Literatur

Böhnisch, Lothar (2008): Sozialpädagogik der Lebensalter; Eine Einführung, 5.überarbeitete Aufl., Weinheim und München: JUVENTA

BMFSFJ - Bundesministerium für Familie Senioren Frauen und Jugend (Hrsg.) (2002): Vierter Bericht zur Lage der älteren Generation in der Bundesrepublik Deutschland: Risiken, Lebensqualität und Versorgung Hochaltriger – unter besonderer Berücksichtigung demenzieller Erkrankungen, Berlin: BMFSFJ

Frank, Werner (2002): Pflegebedürftigkeit, In: Deutscher Verein für öffentliche und private Fürsorge e.V. (Hrsg.): Fachlexikon der sozialen Arbeit, 5. Aufl., Stuttgart; Köln: Kohlhammer, S. 696-700

Galuske, Michael (2002): Methoden der Sozialen Arbeit; Eine Einführung, 4. Aufl., Weinheim und München: JUVENTA

Happe, Günter (2002): Jugenwohlfahrtsgesetz (JWG), In: Deutscher Verein für öffentliche und private Fürsorge e.V. (Hrsg.): Fachlexikon der sozialen Arbeit, 5. Aufl., Stuttgart; Köln: Kohlhammer, S. 533

Hesse-Schiller, Werner (2002): Hilfebedürftigkeit, In: Deutscher Verein für öffentliche und private Fürsorge e.V. (Hrsg.): Fachlexikon der sozialen Arbeit, 5. Aufl., Stuttgart; Köln: Kohlhammer, S. 455-456

Hollstein, Walter (2007): Wenn Männer älter werden – Schwierigkeiten mit der Männerrolle und neuen Chancen, In: Heinrich Böll Stiftung (Hrsg.): Männer und Alter(n) - Perspektiven in Geschlechterverhältnissen, Berlin, S. 9-23

Keil, Sylvia (2002): Methoden der Gesprächsführung, In: Deutscher Verein für öffentliche und private Fürsorge e.V. (Hrsg.): Fachlexikon der sozialen Arbeit, 5. Aufl., Stuttgart; Köln: Kohlhammer, S. 402-403

Kruse, Andreas (2007): Das letzte Lebensjahr; Zur körperlichen, physischen und sozialen Situation des alten Menschen am Ende seines Lebens, Stuttgart: W. Kohlhammer

Neuffer, Manfred (2002): Case Management, In: Deutscher Verein für öffentliche und private Fürsorge e.V. (Hrsg.): Fachlexikon der sozialen Arbeit, 5. Aufl., Stuttgart; Köln: Kohlhammer, S. 185

Radebold, Hartmut (2007): Kindheiten im Zweiten Weltkrieg und ihre Folgen für die Gesundheit im Alter, In: Teising, M./ Drach, L.M./ Gutzmann, H./ et al. (Hrsg.): Alt und psychisch krank; Diagnostik, Therapie und Versorgungsstrukturen im Spannungsfeld von Ethik und Ressourcen, S. 126-132

Radebold, Hartmut (2004): „Kriegskinder“ im Alter: Bei Diagnose historisch denken; Die psychosozialen Folgen einer Kindheit im Zweiten Weltkrieg, In: Deutsches Ärzteblatt 2004; 101: A 1960-1962[Heft 27]

Riepe, Matthias/ Gutzmann, Hans (2010): Lebensqualitätsforschung bei Demenzkranken ist sinnlos, In: Psychiatrische Praxis. Ausgabe 4, 37:e7-e10, Stuttgart: Georg Thieme

Schmidt, Roland (2002): Gerontologie, In: Deutscher Verein für öffentliche und private Fürsorge (Hrsg.): Fachlexikon der Sozialen Arbeit, 5. Aufl., Stuttgart; Köln: Kohlhammer, S. 391-392

Schmidt, Roland (2010): Soziale Arbeit in der pflegerischen Versorgung, In: Aner, K./ Karl, U. (Hrsg.): Handbuch Soziale Arbeit und Alter, Wiesbaden: VS Verlag für Sozialwissenschaften, S. 173-183

Wahl, Hans Werner/ Heyl, Vera (2004): Gerontologie- Einführung und Geschichte, Stuttgart: W. Kohlhammer

Werner, Hansjörg (2002): Multimorbidität, In: Deutscher Verein für öffentliche und private Fürsorge e.V. (Hrsg.): Fachlexikon der sozialen Arbeit, 5. Aufl., Stuttgart; Köln: Kohlhammer, S. 655

Wiesner, Reinhard (2002): Kinder- und Jugendhilfegesetz (KJHG), In: Deutscher Verein für öffentliche und private Fürsorge e.V. (Hrsg.): Fachlexikon der sozialen Arbeit, 5. Aufl., Stuttgart; Köln: Kohlhammer, S. 544-546

Witterstätter, Kurt (2003): Soziologie für die Altenarbeit – Soziale Gerontologie, 13. überarbeitete Aufl., Freiburg i. B.: Lambertus

Internetquellen

Becker, Stefanie/ Kaspar, Roman/ Kruse, Andreas (2006):

HILDE, Projekt: „Identifizierung bzw. Entwicklung von Instrumenten zur Erfassung von Lebensqualität gerontopsychiatrisch erkrankter Menschen in stationären Einrichtungen der Altenhilfe“, http://www.gero.uniheidelberg.de/ imperia/md /content/fakultaeten/vekw/ifg/forschung/hildekongress/hilde_abschlussbericht_erste _foerderphase.pdf, verfügbar am 30.08.2010

George, Wolfgang (2009):

„Die Integration der Angehörigen im Altersheim gezielt verbessern“, http://www.pabst-publishers.de/aktuelles/50.htm , verfügbar am 07.12.2009

Häberle, Wolfgang/ Stärck, Bernhard (2009):

„Bewertungsportal für Alten- und Pflegeheime“, http://www.wohin-im-alter.de/ , verfügbar am 07.12.2009

Heinzelmann, Martin (2004):

„Das Altenheim – immer noch eine „Totale Institution“ ? Eine Untersuchung des Binnenlebens zweier Altenheime“, http://deposit.ddb.de/cgi-bin/dokserv ?idn= 977056384&dok_var=d1&dok_ext=pdf&filename=977056384.pdf, verfügbar am 19.01.2011

Altenheimsoziarbeit (2009):

„Informationsportal für Tätigkeitsfelder von SozialarbeiterInnen- und pädagogInnen im Altenpflegeheim“, http://www.altenheimsozialarbeit.de/ , verfügbar am 28.09.2009